Gästebuch

Für: ....

Zur Erinnerung an
die erste Party Deines Lebens.

....
Ort & Datum

better notes

© Better Notes · Kochhannstr. 30 · 10249 Berlin · info@betternotes.de · www.betternotes.de
Autor und Umschlaggestaltung: Ilya Malyanov / ilyamalyanov.com

Das bin ich! ⤵

Mein Name:
....

Geboren am: ....

In: ....

Foto

Uhrzeit: ....

Gewicht: .... Größe: ....

Mein Name:

Ich kenne Deine Mama von: ....

Deinen Papa kenne ich von: ....

Eine tolle Eigenschaft von Deiner Mama, die ich Dir auch wünsche:
....

Von Deinem Papa hast Du bestimmt: ....
....

Was Du im Leben auf jeden Fall ausprobieren solltest:
....

So stelle ich mir Deine Zukunft vor:

Mein Name:

Ich kenne Deine Mama von: ....

Deinen Papa kenne ich von: ....

Eine tolle Eigenschaft von Deiner Mama, die ich Dir auch wünsche:
....

Von Deinem Papa hast Du bestimmt: ....
....

Was Du im Leben auf jeden Fall ausprobieren solltest:
....

So stelle ich mir Deine Zukunft vor:

Mein Name:

Ich kenne Deine Mama von: ....

Deinen Papa kenne ich von: ....

Eine tolle Eigenschaft von Deiner Mama, die ich Dir auch wünsche:
....

Von Deinem Papa hast Du bestimmt: ....
....

Was Du im Leben auf jeden Fall ausprobieren solltest:
....

So stelle ich mir Deine Zukunft vor:

Mein Name:

Ich kenne Deine Mama von: ....

Deinen Papa kenne ich von: ....

Eine tolle Eigenschaft von Deiner Mama, die ich Dir auch wünsche:
....

Von Deinem Papa hast Du bestimmt: ....
....

Was Du im Leben auf jeden Fall ausprobieren solltest:
....

So stelle ich mir Deine Zukunft vor:

Mein Name:

Ich kenne Deine Mama von: ....

Deinen Papa kenne ich von: ....

Eine tolle Eigenschaft von Deiner Mama, die ich Dir auch wünsche:
....

Von Deinem Papa hast Du bestimmt: ....
....

Was Du im Leben auf jeden Fall ausprobieren solltest:
....

So stelle ich mir Deine Zukunft vor:

Mein Name:

Ich kenne Deine Mama von: ....

Deinen Papa kenne ich von: ....

Eine tolle Eigenschaft von Deiner Mama, die ich Dir auch wünsche:
....

Von Deinem Papa hast Du bestimmt: ....
....

Was Du im Leben auf jeden Fall ausprobieren solltest:
....

So stelle ich mir Deine Zukunft vor:

Mein Name:

Ich kenne Deine Mama von: ....

Deinen Papa kenne ich von: ....

Eine tolle Eigenschaft von Deiner Mama, die ich Dir auch wünsche:
....

Von Deinem Papa hast Du bestimmt: ....
....

Was Du im Leben auf jeden Fall ausprobieren solltest:
....

So stelle ich mir Deine Zukunft vor:

Mein Name:

Ich kenne Deine Mama von: ....

Deinen Papa kenne ich von: ....

Eine tolle Eigenschaft von Deiner Mama, die ich Dir auch wünsche:
....

Von Deinem Papa hast Du bestimmt: ....
....

Was Du im Leben auf jeden Fall ausprobieren solltest:
....

So stelle ich mir Deine Zukunft vor:

Mein Name:

Ich kenne Deine Mama von: ....

Deinen Papa kenne ich von: ....

Eine tolle Eigenschaft von Deiner Mama, die ich Dir auch wünsche:
....

Von Deinem Papa hast Du bestimmt: ....
....

Was Du im Leben auf jeden Fall ausprobieren solltest:
....

So stelle ich mir Deine Zukunft vor:

Mein Name:

Ich kenne Deine Mama von: ....

Deinen Papa kenne ich von: ....

Eine tolle Eigenschaft von Deiner Mama, die ich Dir auch wünsche:
....

Von Deinem Papa hast Du bestimmt: ....
....

Was Du im Leben auf jeden Fall ausprobieren solltest:
....

So stelle ich mir Deine Zukunft vor:

So stelle ich mir Deine Zukunft vor:

Mein Name:

Ich kenne Deine Mama von: ....

Deinen Papa kenne ich von: ....

Eine tolle Eigenschaft von Deiner Mama, die ich Dir auch wünsche:
....

Von Deinem Papa hast Du bestimmt: ....
....

Was Du im Leben auf jeden Fall ausprobieren solltest:
....

So stelle ich mir Deine Zukunft vor:

Mein Name:

Ich kenne Deine Mama von: ....

Deinen Papa kenne ich von: ....

Eine tolle Eigenschaft von Deiner Mama, die ich Dir auch wünsche:
....

Von Deinem Papa hast Du bestimmt: ....
....

Was Du im Leben auf jeden Fall ausprobieren solltest:
....

So stelle ich mir Deine Zukunft vor:

Mein Name:

Ich kenne Deine Mama von: ....

Deinen Papa kenne ich von: ....

Eine tolle Eigenschaft von Deiner Mama, die ich Dir auch wünsche:
....

Von Deinem Papa hast Du bestimmt: ....
....

Was Du im Leben auf jeden Fall ausprobieren solltest:
....

So stelle ich mir Deine Zukunft vor:

Mein Name:

Ich kenne Deine Mama von: ....

Deinen Papa kenne ich von: ....

Eine tolle Eigenschaft von Deiner Mama, die ich Dir auch wünsche:

....

Von Deinem Papa hast Du bestimmt: ....

....

Was Du im Leben auf jeden Fall ausprobieren solltest:

....

So stelle ich mir Deine Zukunft vor:

Mein Name:

Ich kenne Deine Mama von: ....

Deinen Papa kenne ich von: ....

Eine tolle Eigenschaft von Deiner Mama, die ich Dir auch wünsche:

....

Von Deinem Papa hast Du bestimmt: ....

....

Was Du im Leben auf jeden Fall ausprobieren solltest:

....

So stelle ich mir Deine Zukunft vor:

Mein Name:

Ich kenne Deine Mama von: ....

Deinen Papa kenne ich von: ....

Eine tolle Eigenschaft von Deiner Mama, die ich Dir auch wünsche:
....

Von Deinem Papa hast Du bestimmt: ....
....

Was Du im Leben auf jeden Fall ausprobieren solltest:
....

So stelle ich mir Deine Zukunft vor:

Mein Name:

Ich kenne Deine Mama von: ....

Deinen Papa kenne ich von: ....

Eine tolle Eigenschaft von Deiner Mama, die ich Dir auch wünsche:
....

Von Deinem Papa hast Du bestimmt: ....
....

Was Du im Leben auf jeden Fall ausprobieren solltest:
....

So stelle ich mir Deine Zukunft vor:

Mein Name:

Ich kenne Deine Mama von: ....

Deinen Papa kenne ich von: ....

Eine tolle Eigenschaft von Deiner Mama, die ich Dir auch wünsche:
....

Von Deinem Papa hast Du bestimmt: ....
....

Was Du im Leben auf jeden Fall ausprobieren solltest:
....

So stelle ich mir Deine Zukunft vor:

Mein Name:

Ich kenne Deine Mama von: ....

Deinen Papa kenne ich von: ....

Eine tolle Eigenschaft von Deiner Mama, die ich Dir auch wünsche:
....

Von Deinem Papa hast Du bestimmt: ....
....

Was Du im Leben auf jeden Fall ausprobieren solltest:
....

So stelle ich mir Deine Zukunft vor:

Das schönste Foto:

Das schönste Foto:

Das schönste Foto:

Das schönste Foto:

Das schönste Foto:

Printed in Poland
by Amazon Fulfillment
Poland Sp. z o.o., Wrocław